Aprender Português Nível B2

LEARNING PORTUGUESE LEVEL – B2

«Os primeiros passos para uma aprendizagem fundamental para o nível B2»

«Nenhuma parte do conteúdo deste livro pode ser reproduzida ou armazenada num sistema de recuperação ou transmitida de qualquer forma ou por qualquer meio eletrônico, eletrostático, fita magnética, fotocópia, gravação ou de outra forma, sem permissão prévia do editor»

Copyright © 2020 Joaquim Duarte
Todos os direitos reservados.

Edição 1
ISBN: 9798645821623
Selo editorial: Independently published
Publicação e Comercialização: AMAZON

Maio de 2020
Joaquim Duarte

ÍNDICE

TEXTO 1: PLANOS DE VIDA — 6
- VERBOS REGULARES E IRREGULARES — 9
- TEMPOS E MODOS VERBAIS — 10

TEXTO 2: É URGENTE VIVER — 13
- CONJUNTIVO — 17
- PRESENTE DO CONJUNTIVO — 19

TEXTO 3: EMIGRAR — 22
- FUTURO DO CONJUNTIVO — 25
- IMPERFEITO DO CONJUNTIVO — 27

TEXTO 4: A COMUNICAÇÃO — 30
- O MODO INFINITIVO — 33

TEXTO 5: O RITMO DA VIDA — 36
- CONTEXTOS SINTÁTICOS DO INFINITIVO IMPESSOAL — 38
- CONTEXTOS SINTÁTICOS DO INFINITIVO PESSOAL — 38

TEXTO 6: VIVER NO ESTRANGEIRO — 41
- PRONOMINALIZAÇÃO — 44

TEXTO 7: COSTUMES DA MINHA ALDEIA — 47
- PRETÉRITO PERFEITO / PRETÉRITO IMPERFEITO — 50
- DISCURSO DIRETO VERSUS DISCURSO INDIRETO — 53
- PRETÉRITO-MAIS-QUE-PERFEITO — 56

EXERCÍCIOS -- 58

ANEXOS: CONJUGAÇÃO DE VERBOS -- 59

VERBO SER -- 59

VERBO HAVER -- 62

VERBO ESTAR --- 65

VERBO TER -- 68

VERBO APRENDER -- 71

VERBO FAZER -- 74

SOLUÇÕES DOS EXERCÍCIOS --- 77

Aprender. Português

Nível de Aprendizagem: B2

Sobre o Livro

Sinopse

Este livro destina-se a pessoas que pretendem aprender a falar português nível B2. Estrutura-se de acordo com as regras do Quadro Europeu Comum de Referência para as Línguas. Para o nível B1 é necessário[1].

Desse modo deverá ser capaz de:

Compreender exposições longas e palestras e até seguir partes mais complexas da argumentação, desde que o tema lhe seja relativamente familiar. Compreender a maior parte dos noticiários e outros programas informativos na televisão. Compreender a maior parte dos filmes, desde que seja utilizada a língua padrão.

Ler artigos e reportagens sobre assuntos contemporâneos em relação aos quais os autores adotam determinadas atitudes ou pontos de vista particulares. Compreender textos literários contemporâneos em prosa.

Conversar com a fluência e espontaneidade suficientes para tornar possível a interação normal com falantes nativos. Poder tomar parte ativa numa discussão que tenha lugar em contextos conhecidos, apresentando e defendendo os meus pontos de vista.

Exprimir de forma clara e pormenorizada sobre uma vasta gama de assuntos relacionados com os seus centros de interesse. Explicar um

---

[1] https://europass.cedefop.europa.eu/pt/resources/european-language-levels-cefr

ponto de vista sobre um dado assunto, apresentando as vantagens e desvantagens de diferentes opções.

Escrever um texto claro e pormenorizado sobre uma vasta gama de assuntos relacionados com os seus centros de interesse. Redigir um texto expositivo ou um relatório, transmitindo informação ou apresentando razões a favor ou contra um determinado ponto de vista. Conseguir escrever cartas evidenciando o significado que determinados acontecimentos ou experiências têm para si.

Detalhes do Livro	Este Livro contém textos, exercícios sobre esses textos e gramática. Tem por objetivo fornecer competências de Leitura; Expressão escrita; Compreensão oral; Gramática; Expressão oral.

ESTRUTURAÇÃO DESTE LIVRO

A estrutura do livro apresenta-se como mostra a figura. No final do livro podem consultar-se as soluções de todos os exercícios sugeridos ao longo dos vários capítulos do livro.

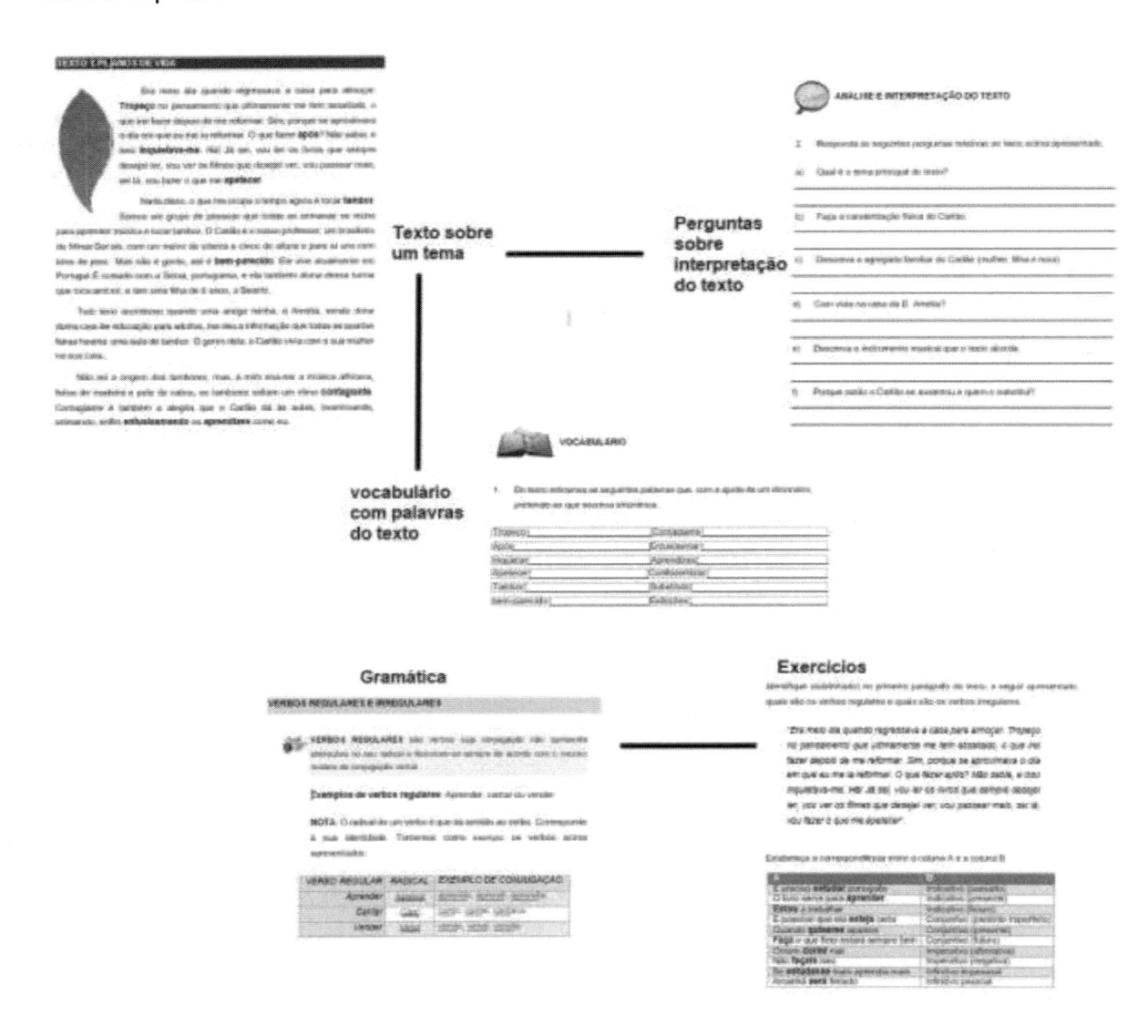

TEXTO 1: PLANOS DE VIDA

Era meio dia quando regressava a casa para almoçar. **Tropeço** no pensamento que ultimamente me tem assaltado, o que irei fazer depois de me reformar? Sim, porque se aproximava o dia em que eu me ia reformar. O que fazer **após**? Não sabia, e isso **inquietava-me**. Há! Já sei, vou ler os livros que sempre desejei ler, vou ver os filmes que desejei ver, vou passear mais, sei lá, vou fazer o que me **apetecer**.

Nada disso, o que me ocupa o tempo agora é tocar **tambor**. Somos um grupo de pessoas que todas as semanas se reúne para aprender música e tocar tambor. O Carlão é o nosso professor, um brasileiro de Minas Gerais, com um metro e oitenta e cinco centímetros de altura e para aí uns cem quilos de peso. Mas não é gordo, até é **bem-parecido**. Ele vive atualmente em Portugal. É casado com a Sónia, portuguesa, e ela também aluna dessa turma que toca tambor, e tem uma filha de 6 anos, a Beatriz.

Tudo isso aconteceu quando uma amiga minha, a Amélia, sendo dona duma casa de educação para adultos, me deu a informação que todas as quartas feiras haveria uma aula de tambor. O genro dela, o Carlão vivia com a sua a sua mulher, filha da D. Amélia, na casa desta.

Não sei a origem dos tambores, mas, a mim soa-me a música africana, feitos de madeira e pele de cabra, os tambores soltam um ritmo **contagiante**. Contagiante é também a alegria que o Carlão dá às aulas, incentivando, animando, enfim **entusiasmando** os **aprendizes** como eu.

Às quartas feiras lá estamos nós, todos reformados, conversamos, tocamos e cantamos. Enfim **confraternizamos**. Mas não é só a música que nos junta, por vezes saímos juntos para uma visita a um museu, um local histórico ou simplesmente para jantar. Foi assim até dezembro passado, altura em que o Carlão regressou ao Brasil e as aulas, por uns tempos, não se realizaram. Era inverno e o Carlão sentia muito frio neste país da Europa com invernos rigorosos.

Após algum tempo de paragem, lá arranjamos um **substituto** para o Carlão, o Renato, também ele um apaixonado pelo tambor, também um entusiasta e um incentivador nas aulas. Quando a vontade é grande haverá sempre alguém para continuar o que outros fizeram.

Pois é, tantos planos para a minha reforma e cá estou eu, na minha secretária, que está encostada à janela do escritório, olhando o tempo chuvoso e cinzento de um belo dia de inverno. Lá fora faz frio e eu aqui vendo os vídeos que fizemos com o Carlão, organizando as fotografias do grupo, atualizando as páginas nas redes sociais, contactando os outros membros do grupo para planear as próximas tarefas, entre as quais **exibições** de música de tambor e cantares. Quem diria que o tambor acabaria por ocupar o meu tempo. E amanhã o que será? Não sei. Amanhã, outro dia nascerá e os planos é a vida que os faz.

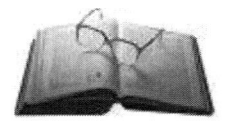

VOCABULÁRIO

♦ Do texto retiramos as seguintes palavras que, com a ajuda de um dicionário, pretende-se que diga o seu significado.

Tropeço:_____ Contagiante:_____
Após_____ Entusiasmar:_____
Inquietar:_____ Aprendizes:_____
Apetecer:_____ Confraternizar:_____
Tambor:_____ Substituto:_____
bem-parecido:_____ Exibições:_____

EXERCÍCIOS – ANÁLISE E INTERPRETAÇÃO DO TEXTO

1. Responda às seguintes perguntas relativas ao texto acima apresentado.

a) Qual é o tema principal do texto?
_____
_____

b) Faça a caraterização física do Carlão.
_____
_____

c) Descreva o agregado familiar do Carlão (mulher, filha e nora).

d) Quem vivia na casa da D. Amélia?

e) Qual é o instrumento musical que o texto aborda.

f) Porque razão o Carlão se ausentou e quem o substitui?

VERBOS REGULARES E IRREGULARES

VERBOS REGULARES são verbos cuja conjugação não apresenta alterações no seu radical e flexionam-se sempre de acordo com o mesmo modelo de conjugação verbal.

Exemplos de verbos regulares: aprender, cantar ou vender

NOTA: O radical de um verbo é que dá sentido ao verbo. Corresponde à sua identidade. Tomemos como exemplo os verbos abaixo apresentados:

VERBO REGULAR	RADICAL	EXEMPLO DE CONJUGAÇÃO
Aprender	Aprend	aprendo, aprendi, aprendia
Cantar	Cant	canto, cantei, cantava
Vender	Vend	vendo, vendi, vendia

VERBOS IRREGULARES, ao contrário dos verbos regulares que não sofrem alterações no seu radical, são verbos cuja conjugação não se ajusta aos modelos fixos de conjugação verbal, apresentando alterações nas terminações verbais.

EXEMPLOS: São exemplos de verbos irregulares os verbos ser, fazer, pôr, dar, estar, ir, trazer, pedir. A conjugação do presente do indicativo do verbo ser será: eu sou, tu és, ele/ela é, nós somos, vós sois, eles/elas são.

TEMPOS E MODOS VERBAIS

INDICATIVO – Os tempos verbais do modo indicativo expressam certezas quer sejam do passado, presente ou futuro.

EXEMPLOS:

Eu fui ao cinema (**passado**);
Eu vou ao cinema (**presente**);
Eu irei ao cinema (**futuro**).

CONJUNTIVO – Os tempos verbais do modo conjuntivo expressam acontecimentos, que não sendo reais, podem ser, no entanto, possíveis, expressando por vezes desejos e dúvidas.

EXEMPLOS:

- Talvez (é possível que) eu veja o meu amigo Luís (presente); (**presente**)
- Se (pode ser quando ou que) eu o tivesse visto ... (**pretérito imperfeito**)
- Se eu o vir talvez lhe diga...(**futuro**)

IMPERATIVO – O modo imperativo permite formular um pedido, um convite, um conselho, uma solicitação ou dar uma ordem (por vezes associadas ao ponto de exclamação -!) e está dividido em IMPERATIVO AFIRMATIVO e IMPERATIVO NEGATIVO. Na forma AFIRMATIVA (apenas nas pessoas tu e nós e é idêntico ao presente do indicativo retirando a letra S). Na forma NEGATIVA (corresponde ao advérbio de negação mais o presente do conjuntivo).

EXEMPLOS

- Cuida da tua saúde (modo afirmativo – 2ª pessoa, tu);
- Não tenhas cuidado e verás o resultado (Negativa – 2ª pessoa, tu);

INFINITIVO – É a forma do verbo que não exprime, tempo, modo, número, aspeto ou pessoa e pode ser PESSOAL (flexão de pessoa e número) ou IMPESSOAL (ausência de pessoa ou número).

EXEMPLOS

- Comer a sopa (**Infinitivo impessoal**)
- É melhor ires por esse caminho (**Infinitivo pessoal**)

EXERCÍCIOS

2. Identifique (sublinhado simples) no primeiro parágrafo do texto, a seguir apresentado, quais são os verbos regulares e quais são os verbos irregulares (sublinhado duplo).

   "Era meio dia quando regressava a casa para almoçar. Tropeço no pensamento que ultimamente me tem assaltado, o que irei fazer depois de me reformar. Sim, porque se aproximava o dia em que eu me ia reformar. O que fazer após? Não sabia, e isso inquietava-me. Há! Já sei, vou ler os livros que sempre desejei ler, vou ver os filmes que desejei ver, vou passear mais, sei lá, vou fazer o que me apetecer."

3. Estabeleça a correspondência entre a coluna A e a coluna B

	A		B
1	É preciso **estudar** português	A	Indicativo (passado)
2	O livro serve para **aprender**	B	Indicativo (presente)
3	Estou a **trabalhar**	C	Indicativo (futuro)
4	É possível que ela **esteja** certa	D	Conjuntivo (pretérito imperfeito)
5	Quando **quiseres** aparece	E	Conjuntivo (presente)
6	**Faça** ele o que fizer estará sempre bem	F	Conjuntivo (futuro)
7	Ontem **dormi** mal	G	Imperativo (afirmativo)
8	Não **façais** isso	H	Imperativo (negativo)
9	Se **estudasse** mais aprendia mais	I	Infinitivo impessoal
10	Amanhã **será** feriado	J	Infinitivo pessoal

TEXTO 2: É URGENTE VIVER

São 7 horas da manhã. Chamo-me Kevin e acordo cedo, como de costume, mas a noite, a noite durmo-a sempre toda. Pouco tempo depois estou de saída e percorro a cidade que a essa hora costuma estar **tranquila**, mas hoje está tranquila demais para o que é habitual a esta hora "**madrugadora**". Não há viva alma ou qualquer movimento, seja de pessoas ou carros.

Está um pouco frio, estamos em Abril, também é habitual o frio nesta época. Mas eu saio bem **agasalhado**, uma grossa e comprida camisola preta de lã a cobrir uma outra, mas interior, e umas calças de treino e calçado **confortável** e apropriado para caminhar.

Ouvem-se, a essa hora, os pássaros, que tal como eu, **vagueiam** pela cidade, embora com outros **propósitos**. Mais nada se vê ou ouve, eu, os pássaros e os meus passos certos e cadenciados. Acho que o vento também se move sem se ver, nem se ouvir, porque o sinto passar por mim.

De rua em rua lá vou eu. Vejo agora à minha direita o café do Pardal. Chama-se assim não porque o nome do proprietário seja Pardal, mas porque há um pássaro de barro pendurado na parede logo à entrada do café. Como as pessoas reparam nas coisas pequenas! Pois é, as pequenas coisas por vezes fazem as grandes diferenças.

Bom dia dona Rosa, está aqui à porta a fazer o quê? Na sua casa não se começa a trabalhar muito cedo? Não, respondeu-me ela, agora não há clientes, mas como estou habituada a levantar-me cedo aproveitei e vim até aqui à porta, olhe, como se costuma dizer, vim ver passar os comboios. De facto, a estação via-se dali e no cimo da colina viam-se passar os comboios. A minha caminhada levar-me-ia até lá. Está tudo tão silencioso e deserto.

Qual é o facto? As escolas não têm alunos, as crianças não vão às creches nem brincam nos parques infantis, nos campos de jogos não há jogadores, os cafés não têm clientes, os restaurantes estão fechados e os hotéis também. Não há turistas. Os aviões estão estacionados nos aeroportos e as fronteiras estão fechadas.

Salvam-nos os supermercados, que tal como antes nos grandes espetáculos, as pessoas fazem longas filas para entrar. Mudam-se os tempos, mudam-se as **prioridades**. Os pais com crianças pequenas em casa têm de dividir o seu tempo entre não fazer nada ou distraírem os filhos. Sim, porque os homens e as mulheres só podem sair pelas compras ou por exemplo para consultas urgentes.

Vamos entrar na quarta semana do estado de emergência, com fortes **restrições** e encerramentos impostas pelo governo. Todos os dias há novas informações, novas **recomendações**. Cada cidade pronuncia regras diferentes. A internet, as redes sociais e os jornais, estão cheios de informações e ninguém sabe quais são as verdadeiras e quais são as falsas.

Também não se vêm carros, e certamente a **poluição** baixou. Já se vêm os peixes nos rios poluídos que, pela ausência de descargas das fábricas poluentes, que também fecharam, aos poucos vão ocupando o seu lugar nesse rio. Há sempre algo de bom no meio da miséria das coisas da vida quando uma pandemia nos atinge.

Caminho, e pelo caminho vou observando quem passa e quem fica. Vou deixando para trás a cidade que percorro, as praças, as ruas, as avenidas, os jardins, nesta altura em flor. Estamos no início de abril e a natureza **desabrocha** em todo o seu esplendor. Do meu lado esquerdo reparo numa casa com árvores de fruto e junto ao portão de entrada há uma figueira. Há figos no chão que caíram de maduros. São 9 de abril e a figueira já tem figos maduros? Então as figueiras não dão figos mais tarde? Se calhar sou eu que não percebo nada destas coisas. Não compreendo. Está tudo tão diferente.

Passo antepasso lá vou andando e agora estou próximo da estação dos caminhos de ferro. Nem aqui é possível ver passar os comboios. Alto, afinal, lá vem um, donde virá? Quem levará? Para onde irá? Mas acabei de assistir a um momento raro. Vi passar um comboio. É como a vida, há coisas que não podem parar. Há mercadorias urgentes para transportar, sei lá há tanta coisa urgente. É urgente viver!

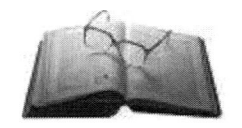

VOCABULÁRIO

♦ Do texto retiramos as seguintes palavras que, com a ajuda de um dicionário, pretende-se que diga o seu significado.

Tranquila:_____ Propósitos: _____
Após_____ Prioridades: _____
Madrugadora:_____ Restrições: _____
Agasalhado_____ Recomendações: _____
Confortável_____ Poluição: _____
Vagueiam _____ Desabrocha: _____

EXERCÍCIOS – ANÁLISE E INTERPRETAÇÃO DO TEXTO

4. Responda às seguintes perguntas relativas ao texto acima apresentado.

a) Qual é o tema principal do texto?
_____

b) Descreva como se encontra a cidade às 7 horas.
_____

c) A que se deve o nome do Sr. Pardal?.
_____

d) O que faz a dona Rosa à porta da sua casa?

e) Qual o significado da expressão: "Qual é o facto?".

f) Porque diminuiu a poluição?

g) Em que época do ano decorre esta ação?

h) Indique duas situações acontecidas que o autor do texto considerou estranhas?

CONJUNTIVO

As formas conjuntivas usam-se para descrever uma determinada situação. A seguinte frase representa um exemplo da utilização do conjuntivo:

> *"Você só poderá contactar com as pessoas que se encontram marcadas com uma cruz na lista que lhe **tivermos** fornecido ".*

As formas verbais que utilizam a palavra **tivermos**, são do futuro do **conjuntivo**. O conjuntivo é um modo associada ao desejo, ordem, dúvida ou incerteza na realização da ação. Nesse sentido é uma ação ainda não realizada, mas que pode concretizar-se pela realização de alguma condição ou eventualidade. Há, portanto, a possibilidade (ou não) de se realizar essa ação.

O conjuntivo exprime-se através dos seguintes tempos verbais:

FORMA SIMPLES	Presente (fale)
	Pretérito imperfeito (falasse)
	Futuro (falar)
FORMA COMPOSTA	Pretérito perfeito composto (tenha falado)
	Pretérito mais-que-perfeito composto (tivesse falado)
	Futuro composto (tiver falado)

O conjuntivo apresenta ainda valores tradicionalmente associados ao **modo imperativo**, como uma ordem, um pedido ou uma sugestão, através do uso do presente que completa as formas pessoais que faltam ao imperativo:

- Venha encontrar-se comigo neste domingo! (você)
- Perante esta calamidade, ajudemo-nos uns aos outros. (nós)

EXEMPLO DE CONJUGAÇÂO DO VERBO TRABALHAR

MODO	TEMPO	Descrição	CONJUGAÇÃO
Indicativo	Presente	Factos reais	trabalho
Indicativo	Pretérito imperfeito	Ação passada não terminada	trabalhava
Indicativo	Pretérito perfeito	Ação passada terminada	trabalhei
Indicativo	Pretérito mais-que-perfeito	Ação passada anterior a outra também passada	trabalhara
Indicativo	Futuro do presente	factos que ocorrerão a seguir à fala	trabalharei
Indicativo	Futuro do pretérito (condicional)	Indica um facto futuro relativamente a um passado	trabalharia

MODO	TEMPO	CONJUGAÇÃO
Conjuntivo	Presente (eu)	trabalhe
Conjuntivo	Pretérito imperfeito (eu)	trabalhasse
Conjuntivo	Futuro (eu)	Trabalhar
Imperativo	Afirmativo (tu)	trabalha
Imperativo	Negativo (tu)	Trabalhes

NOTA: em ANEXO poderá ver mais exemplos de conjugações de VERBOS

PRESENTE DO CONJUNTIVO

Usa-se mais habitualmente para afirmar uma dada posição do sujeito quer se trate de uma crença/descrença ou uma afirmação ou ordem. Outros modos são também possíveis em vez do modo conjuntivo.

- Crença/descrença
    - Acredito que *estejas* cansado
    - Duvido que ele *chegue* a horas
    - Imagino que *saibas* do que se trata
    - Desejo que isso *aconteça*
    - Receio que ele não *apareça*
- Afirmação
    - Nego que *tenha* feito isso
- Avaliação
    - Espero que *seja* aplicado nos estudos

Também os advérbios _oxalá_ (exprime crença ou desejo) e _talvez_ (requer avaliação) requerem, normalmente, o conjuntivo.

- **Oxalá *consiga* um emprego**
- **Talvez eu *mude* de residência**

EXERCÍCIOS

5. Complete as frases com o tempo verbal correspondente com o verbo indicado.

   a. O juiz disse ao réu que poderia (falar) _____ se (ter)_____ algo a dizer.
   b. Mesmo que não (ter) _____ possibilidades de estudar agora não desistirei. Se eu (ir) _____ trabalhar de dia, irei estudar à noite. Em quatro anos, é possível que eu (conseguir) _____ terminar o curso.
   c. Seja o que Deus (querer) _____. Aconteça o que (acontecer) _____, eu estarei lá.
   d. Se (haver) _____ justiça o réu será condenado.

6. Diga qual a forma verbal (pessoa, tempo e modo) que corresponde a:

   a. Não é claro que ele <u>seja</u> o culpado. _____
   b. De certeza que ele <u>sabe</u> isso. _____
   c. Vou lecionar uma aula, espero que os alunos <u>estejam</u> com atenção _____
   d. Se você <u>trabalhasse</u>, teria mais dinheiro _____

TEXTO 3: EMIGRAR

Lembro-me de alguém dizer que os jovens deveriam emigrar. Eu nunca emigrei, mas lamento que não o tenha feito. Sei que não é fácil a vida para quem emigra, embora também saiba que há emigrantes e emigrantes. Há aqueles para quem a vida é mais fácil e aqueles para quem é bem mais difícil. Mas viver no estrangeiro, além dos **constrangimentos** que isso provoca e da tão portuguesa **saudade** que pode provocar, viver no estrangeiro pode também trazer benefícios. Recordo as vezes que estive fora do meu país, num outro país, onde tudo me parecia muito diferente, a cultura, o modo de estar e de viver.

Mesmo que a nossa estadia possa ser muito difícil, ela certamente trará muitos benefícios, fruto de novos ensinamentos colhidos, que enriquecem de forma positiva a nossa vida. Viver no estrangeiro, onde por vezes o teu **conforto** é **quebrado**, acelera o ritmo da nossa aprendizagem porque se aprende a comunicar de outro modo, a estar de outro modo, a agir de outro modo, enfim viver de outro modo. Aquilo que no nosso país é habitual pode não ser noutro país.

Perante outras culturas, com novas pessoas, novos relacionamentos, novos amigos, outras liberdades, outros comportamentos, outras experiências, outros pontos de vista, outras perspetivas da vida, tornas-te uma outra pessoa, talvez mais **tolerante** e **compreensiva**.

Lembro-me quando se está fora e se desconhece o local onde se está, os nossos sentidos estão mais atentos ao que nos rodeia, os nossos olhos abrem-se mais, umas vezes de curiosidade, outras de emoção e outras de **espanto**. Tudo nos parece diferente, até os horários a que as coisas acontecem. O que tínhamos como **saber adquirido** e essencial pode noutro local não o ser do mesmo modo. Viver noutro país é alargar os nossos horizontes, é aprender a respeitar outros costumes e outras vidas, é saber adaptar-se.

Quem pensa que sabe tudo e não respeita os outros deveria ir viver noutro país e veria que não sabe tudo e que tem de se **adaptar** aos outros e ao seu modo de viver, **enfim**, é enriquecer a sua "**pessoalidade**".

VOCABULÁRIO

♦ Do texto retiramos as seguintes palavras que, com a ajuda de um dicionário, pretende-se que diga o seu significado.

Constrangimentos: _____ Espanto: _____
Saudade _____ Saber adquirido: _____
Conforto: _____ adaptar: _____
Quebrado _____ Recomendações: _____
Tolerante _____ Enfim: _____
Compreensiva _____ "Pessoalidade": _____

EXERCÍCIOS – ANÁLISE E INTERPRETAÇÃO DO TEXTO

7. Responda às seguintes perguntas relativas ao texto acima apresentado.

a) Qual é o tema principal do texto?
_____
_____

b) O que representa a emigração para o autor do texto?
_____
_____

c) Que vantagens se obtêm em ser emigrante?

d) Que desvantagens há em ser emigrante?

e) Em que difere a vida no nosso país e noutro país onde se é emigrante?

FUTURO DO CONJUNTIVO

O futuro do conjuntivo usa-se em duas situações:

- Orações iniciadas por se, cuja ação pode eventualmente vir a ocorrer.

    - Se **chover** amanhã não irei à praia.

- Orações iniciadas por quando, quem, como, etc. descrevendo uma ação genérica.

    - Quando **chegares** ao aeroporto avisa-me.

PRESENTE DO CONJUNTIVO VERSUS FUTURO DO CONJUNTIVO

Aplica-se o presente do conjuntivo quando nos referimos a uma pessoa, qualquer que seja, enquanto o futuro de conjuntivo se refere a uma pessoa de uma forma geral.

Presente do Conjuntivo	Futuro do Conjuntivo
Pretendemos alguém que **saiba** desempenhar essas funções	A secretária certa para nós é a que **souber** francês
Uma refeição que **tenha** muita gordura não saudável	Se a refeição **tiver** muita gordura não é saudável

COMPARAÇÃO CONJUNTIVO / INDICATIVO

Alguns verbos, como por exemplo achar, acreditar, pensar e ter a certeza, usam o conjuntivo quando são negados e o indicativo no caso contrário.

Conjuntivo	Indicativo
Não acho que essa atitude seja a correta.	Acho que essa atitude é a correta
Não acredito que isso seja como se diz.	Acredito que isso é como se diz.
Não penso que tenha errado essa pergunta do teste.	Penso que errei essa pergunta.
Não estou certo que não tenha segundas intenções.	Estou certo que tem segundas intenções.
Não é certo que ele goste deste bolo	De certeza que ele gosta deste bolo

Outros exemplos:

conjuntivo	indicativo
Pretendo encontrar um livro que **fale** sobre a revolução francesa.	Pretendo encontrar o livro que **fala** sobre a revolução francesa.

IMPERFEITO DO CONJUNTIVO

Este tempo surge em duas situações que nos remetem para o passado. São elas:

- Uma geralmente associada ao discurso indireto que transporta o presente para o passado.

    - Eu **tinha**-lhe dito que mal chegasse me tivesse telefonado

- Outra em orações com a utilização do se, associada a situações irreais.

    - Se **soubesse** o que sei hoje não teria ido por esse caminho

EXERCÍCIOS

8. Complete as frases aplicando os tempos verbais no presente do conjuntivo.

   a. *Desejo que (ter) _____ sucesso*
   b. *Acredito que o réu (sair) _____ ilibado do julgamento.*
   c. *Espera que um dia (atingir) _____ esse objetivo.*
   d. *Imagino que não (saber) _____ quem eu sou.*
   e. *Nego determinantemente que alguma vez (ter) _____ feito isso.*
   f. *Suponho que amanhã (estar) _____ um dia de sol.*
   g. *Duvido que esse novo movimento (trazer) _____ qualquer vantagem.*
   h. *Receio que não (chegar) _____ à hora combinada.*
   i. *Pode acontecer que não (conseguir) _____ executar essa tarefa.*
   j. *Sugiro que não (ir) _____ por esse caminho.*

9. Complete as frases aplicando os tempos verbais no futuro do conjuntivo.

   a. *Se (querer) _____ poderás almoçar comigo.*
   b. *Teremos de nos adaptar como (poder) _____ .*
   c. *A quem (estar) _____ presente será dado um presente.*
   d. *Se nós (mudar) _____ de casa, eu terei de (mudar) _____ de emprego.*
   e. *Avisa-me logo que (chegar) _____ .*
   f. *Se cá (estar) _____ iremos a esse espetáculo.*
   g. *Assim que (chegar) _____ irei ter contigo.*

10. Complete as frases aplicando os tempos verbais no pretérito imperfeito do conjuntivo.

   a. Se (saber) _____ o que sei hoje não teria feito o que fiz.
   b. Pedi-lhe que (esperar) _____ um pouco mais.
   c. Se não (visitar) _____ esse museu não saberia o que ia perder.
   d. Se amanhã (fazer) _____ sol iria à praia.
   e. Se (conhecer) _____ o caminho saberia por onde ir.
   f. Ele esperou que ela (regressar) _____ para lhe dar a notícia.
   g. Comuniquei-lhe que me (telefonar) _____ logo que (chegar) _____.
   h. Se me (sair) _____ o totoloto continuava a trabalhar
   i. Se não (ter) _____ tantos filhos não seria tão feliz.
   j. Se (poder) _____ trocava de carro.
   k. Se não (estudar) _____ não teria o emprego que tenho.

29

TEXTO 4: A COMUNICAÇÃO

Uma família, uma mesa e uma refeição que os junta. O pai, a mãe e os filhos, cada qual com o seu telemóvel e entre eles não há mais nada. Quanto mais forem os meios de comunicação disponíveis menos se comunica? É a pergunta que se coloca. Não **necessariamente**! pode responder-se. São novos tempos, são novas situações, há que buscar o equilíbrio e aproveitar todas as oportunidades que nos estão presentes para nos **fortalecer** e não nos afastar. Quando estamos com alguém, a nossa atenção deve ser centrada nessa relação que pode ser profissional, pessoal ou outra qualquer. É importante saber valorizar os meios de comunicação, especialmente para aqueles que já nasceram inseridos nesse ambiente de facilidade **comunicacional**.

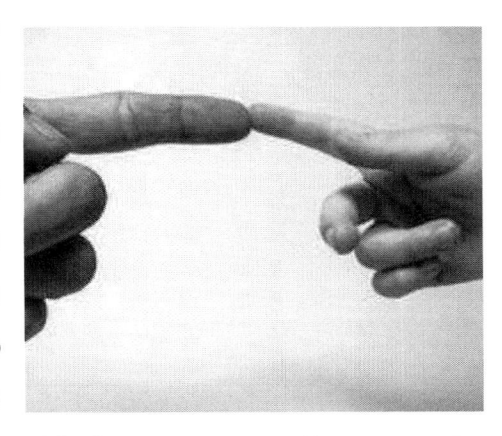

Se é verdade que é fácil iniciar uma conversa pelos meios eletrónicos derivado à proximidade que o meio digital nos fornece, também não é menos verdade que isso pode facilitar e incentivar a comunicação próxima, porque esta permite ver melhor as caraterísticas individuais, as emoções e os sentimentos.

Se há coisa que carateriza o ser humano é a sua capacidade para se envolver na comunicação, para comunicar emoções e fazer **despertar** sensações. Neste aspeto, a proximidade física tem a sua importância e nela podemos ver mais em **detalhe** os **pormenores pessoais** de cada um e entrar no seu mundo mostrando-nos também mais a nós mesmos. Sim porque, nos pormenores se vêm coisas importantes.

A relação remota, tendo as suas virtudes, porque facilita e apressa a comunicação entre as pessoas ou porque abre novas **perspetivas** de relação quer seja profissional ou pessoal, não permite, no entanto, essa maior aproximação ao outro. Ao perto vêm-se todos os pormenores e caraterísticas que queremos ver e que nenhuma fotografia ou vídeo nos mostrariam, porque estes, **captando** por vezes instantes cheios de significado, de **relevância** e determinado ou determinados detalhes, não nos dão a liberdade de escolheres os detalhes que pretendemos da realidade com que nos **confrontamos** em determinado momento.

Depois porque a comunicação física é mais abrangente porque podemos nos aproximar e podemos olhar à nossa volta. Todo esse ambiente faz parte dessa comunicação o que não acontece com a comunicação **remota**. Um avô que comunica remotamente com o seu neto ou neta pode vê-la inserida num écran onde o meio ambiente não comunica do mesmo modo. Numa comunicação próxima as palavras têm mais força porque chegam mais depressa para dentro de cada um e é mais fácil obter respostas.

Há por isso momentos para tudo e de cada situação se deve tirar o que melhor ela nos oferece. Quando a comunicação remota nos permite aproximar não a devemos excluir, mas se a proximidade física está presente é nela que nos devemos concentrar, onde quer que estejamos e em qualquer situação. É um contrassenso estar-se a partilhar uma refeição e não se partilhar a comunicação que esse momento nos oferece.

Relativamente à proximidade, não a devemos excluir, mas se a proximidade física está presente é nela que nos devemos concentrar, onde quer que estejamos e em qualquer situação. É um contrassenso estar-se a partilhar uma refeição e não se partilhar a comunicação que esse momento nos oferece.

VOCABULÁRIO

♦ Do texto retiramos as seguintes palavras que, com a ajuda de um dicionário, pretende-se que diga o seu significado.

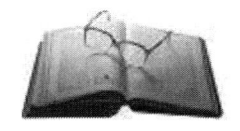

Necessariamente:_____ Pessoais: _____
Fortalecer_____ Perspetivas:_____
Comunicacional: _____ Captando: _____
Despertar_____ Relevância: _____
Detalhe_____ Confrontamos:_____
Pormenores _____ Remota: _____

EXERCÍCIOS – ANÁLISE E INTERPRETAÇÃO DO TEXTO

11. Responda às seguintes perguntas relativas ao texto acima apresentado.

a) Qual é o tema principal do texto?
_____
_____

b) Descreva o cenário da ação.
_____
_____

c) Quais as vantagens de uma comunicação remota?
_____
_____

d) Quais as vantagens de uma comunicação de proximidade física?

_____

_____

O MODO INFINITIVO

O infinitivo transmite a uma ideia ou ação não se associando, no entanto, a um tempo, modo ou pessoa específica. Apresenta-se na forma de infinitivo impessoal e infinitivo pessoal. O infinitivo impessoal faz referência ao processo verbal em si mesmo e o infinitivo pessoal faz referência a uma dada pessoa gramatical.

EXEMPLOS

Infinitivo impessoal – viver é preciso

Infinitivo pessoal – para ler, há quem use óculos

Podemos considerar três importantes grupos de orações no infinitivo, as que se associam à perceção, as que são precedidas de preposição e as que são pedidas por conjunções.

As que dependem da perceção

*Pareceu-me que o vi **chegar**.*

*Ouvi um trovão, acho que vai **chover**?*

*Sinto que vai **estar** um bom dia.*

As que são precedidas de preposições (a, para, de, por, com, etc.)

*Tive gosto em <u>a</u> **ver** de novo*

*<u>Para</u> **ganhares** a lotaria terás de jogar*

*Tive <u>de</u> me **despedir***

*Estava ansioso <u>por</u> te **ver***

*Teremos de nos contentar <u>com</u> **termos** um salário menor*

As que são pedidas por conjunções

*Estou acordado <u>e</u> sem conseguir **adormecer**.*

*Não estou muito, <u>mas</u> conseguiu **passar** no exame.*

*Já está recuperado da doença, <u>portanto</u> já poderá irei **trabalhar**.*

*Ele dispôs-se a ajudar <u>sem</u> **pensar** nas consequências.*

*<u>Ao invés</u> de te **lamentares** deverias procurar um emprego.*

*O Manuel teve de passar no exame <u>antes de</u> **ingressar** na faculdade.*

EXERCÍCIOS

12. Em qual das frases o infinitivo está incorretamente aplicado.

    a. *Conhecer os direitos e os deveres é a obrigação de todos*
    b. *Ainda tereis muito caminho a percorrer*
    c. *O jantar está servido, por isso vamos comermos*
    d. *É importante atender às situações difíceis*

13. Completa as frases seguintes com os verbos em falta no infinitivo

    a. (Fumar) _____ *é sempre prejudicial*
    b. *A polícia serve para* (manter) _____ *a ordem*
    c. *O desporto é para todos* (praticar) _____
    d. *Podem* (entrar) _____, *por favor*
    e. *Para nos* (conhecer) _____ *teremos de nos* (encontrar) _____ .

TEXTO 5: O RITMO DA VIDA

Os passos de quem caminha, os carros que circulam nas estradas, o **lenhador** que corta a árvore, o **ferreiro** que **molda** o ferro, as palavras, os **tambores** que tocam, tudo tem o seu ritmo. A dançarina que dança ao som dos tambores e até o olhar de quem os escuta tem ritmo, as escavadoras que esventram com violência as terra e reduzem a pó o **minério** que milhões de anos construíram, as águas do mar ou do rio, quer sejam calmas ou revoltas têm ritmo, enfim o mais pequeno movimento, tudo isso é vida, tudo isso é ritmo.

Uma música, um cantor que canta e um lugar demais tranquilo na paisagem que nos cerca e nos **inunda**, como esse rio que corre e em cujas margens me **deleito**. Esse rio, velho rio, sempre aqui esteve, há quanto tempo aqui corre? Sempre no mesmo sentido, de lá para cá, até ao mar, com os seus grandes laços, grandes abraços que "**serpenteiam**" e inundam os campos. Lá longe vem uma barca com pessoas que a remam, não sei quantas, mas são muitas, e trazem um **guia** também. Todos os homens precisam de um guia que os oriente e os una também.

Penso, estruturo-me e **exorto-me** a segui-la no que faço a seguir. "Tomo" um pouco de movimento e de ar fresco para vencer meus **anseios** e meus medos. Aprecio esta calma, o silêncio e a **lentidão**.

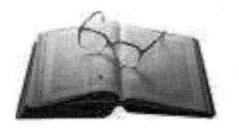

VOCABULÁRIO

♦ Do texto retiramos as seguintes palavras que, com a ajuda de um dicionário, pretende-se que diga o seu significado.

Lenhador _____	Deleito: _____
Ferreiro _____	Serpenteiam: _____
Molda: _____	Guia: _____
Tambores _____	Exorto-me: _____
Minério _____	Anseios: _____
Inunda _____	Lentidão: _____

EXERCÍCIOS – ANÁLISE E INTERPRETAÇÃO DO TEXTO

14. Responda às seguintes perguntas relativas ao texto acima apresentado.

   a) Qual é o tema principal do texto?
   _____

   b) Quais as atividades (profissionais) de que fala o texto?.
   _____

   c) Onde decorre a ação principal do texto?
   _____

   d) O que entende por "águas revoltas"?
   _____

CONTEXTOS SINTÁTICOS DO INFINITIVO IMPESSOAL

Infinitivo Impessoal – Não se relaciona a uma pessoa em particular não tendo, portanto, um sujeito determinado. Usa-se em:

Ideias genéricas

    É preciso **viver**

Em frases no imperativo

    Entrar, por favor!

Com sujeito indefinido

    É importante **comer** comida saudável

    Já se pode **visitar** o museu

    Para conduzir é necessário **obter** a carta de condução

Com o verbo precedido da preposição de.

    Preciso **de descansar** mais

    Não tem o direito **de gritar** desse modo

CONTEXTOS SINTÁTICOS DO INFINITIVO PESSOAL

Infinitivo pessoal – Forma-se a partir da flexão do próprio infinitivo com a adição do sufixo que se adequar (es, des, mos, em). Usa-se em:

Com sujeito definido

Eu pedi-te para ires às compras

Flexão verbal e definição do sujeito

Falta a música para **cantares**

Falta a música para **cantarmos**

Falta a música para **cantarem**

Falta música para **cantardes**

Sujeito diferente do da oração principal

Para eles **cantarem** alguém terá de tocar piano

Em ação reflexiva

É preciso **abrirem-se** as portas para as pessoas saírem

EXERCÍCIOS

15. Dê um exemplo seu de uma frase com o verbo no:

    a. *Infinitivo pessoal*
    b. *Infinitivo impessoal*

16. No texto seguinte sublinhe todos os verbos que estão no infinitivo:

    "Os passos caminhados, os carros que circulam nas estradas, o lenhador que corta a árvore, o ferreiro que molda o ferro, as palavras, os tambores que tocam, tudo tem o seu ritmo. A dançarina que dança ao som dos tambores e até o olhar de quem os escuta tem ritmo".

TEXTO 6: VIVER NO ESTRANGEIRO

Um dia decidi partir em busca de outras paragens, outras culturas, enfim uma outra vida. Estava cansado e **farto** de viver na minha aldeia e queria deixá-la para trás. Devo dizer que sou formado em línguas, mas na verdade só domino relativamente bem o inglês.

Procurei anúncios, adaptados ao meu perfil, para empregos no estrangeiro e pouco tempo depois partia para outro país. É claro que darem-me um ordenado e oferecerem-me um quarto para **estadia** ajudou muito na minha decisão. Falar português revelou-se importante, e o perfil, o desejo, o sonho e a visão do que seria para mim foi-se por aí abaixo. Ficou-me o sentimento maior, partir!

Aos meus familiares, aos meus amigos mais próximos disse-lhe que seria só um ano e depois voltaria. Para mim próprio eu sabia que isso não era verdade. Não voltaria mais, ou melhor poderia voltar para visitar a terra onde não gostei de viver.

Para nada me serviu a formação linguística, eu iria mesmo era trabalhar falando a minha língua materna, o português. Atribuíram-me o mercado sul-americano para contacto com clientes **falantes** de português e espanhol. Pois, a formação linguística teria de continuar, mas desta vez para aprender espanhol. Foi um banco na Alemanha que me ofereceu esse trabalho.

Bom, aparte de não saber nada sobre este pais, nem conhecer ninguém, nem falar a língua, nem conhecer a cultura, nada mais havia contra. É claro que não tenho qualquer formação em economia ou finanças, mas o que me pediram foram coisas simples como contactar clientes, saber os seus problemas e **reencaminhá-los** para os diferentes serviços.

É assim a vida, não foi eu procurei esse emprego, foi esse emprego que me procurou a mim e eu cá me vou "**desenrascando**". Agora até já gosto do que faço. Mas no primeiro ano foi muito difícil. Ah! Ia-me esquecendo de dizer que já cá estou há quatro anos e quanto à minha terra, às minhas gentes, à minha família, não voltei a vê-los fisicamente. Também não tenho pensado muito nisso. Sei que um dia os hei de ir visitar, prometo a mim mesmo, e isso **conforta-me**.

Mas voltando ao meu primeiro ano, o meu amigo Anthony, que conheci logo nos primeiros dias da minha chegada, estávamos ambos a fazer desporto no parque da cidade e **travamos** assim conhecimento, deu-me uma boa ajuda no início. **Ironia** do destino ele falava bem português, era **descendente** de pai açoriano e mãe escocesa, e nas voltas da vida também foi parar à Alemanha, ao meu bairro, precisamente.

Tive muito medo, sim, quando para aqui vim, quem não teria no meu lugar? Mas o tempo foi passando e eu fui-me adaptando. Quatro novos empregos depois (um por cada ano) cá estou eu, no meu novo apartamento, também esta é a terceira **residência**, à janela do meu quarto e olhando para o ocidente, para o amanhã, onde irei finalmente cumprir parte da minha **promessa**, quatro anos depois de ter saído, amanhã **regressarei** à minha aldeia, mas voltarei para aqui outra vez, a minha vida está aqui.

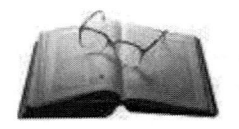

VOCABULÁRIO

- Do texto retiramos as seguintes palavras que, com a ajuda de um dicionário, pretende-se que diga o seu significado.

farto _____	Travamos: _____
estadia _____	Ironia: _____
falantes: _____	descendente: _____
reencaminhá-los _____	residência: _____
"desenrascando" _____	promessa: _____
conforta-me _____	regressarei: _____

EXERCÍCIOS – ANÁLISE E INTERPRETAÇÃO DO TEXTO

17. Responda às seguintes perguntas relativas ao texto acima apresentado.

   a) Qual é o tema principal do texto?
   _____
   _____

   b) Como conseguiu emprego o autor do texto?
   _____
   _____

   c) Como se chama um dos amigos que mais o ajudou?
   _____
   _____

d) Que tipo de tarefa ele foi executar no seu novo emprego?
___
___

e) Ao fim de quantos anos regressou à sua terra para uma visita?
___
___

PRONOMINALIZAÇÃO

Trata-se de situações em que os pronomes pessoais substituem os complementos. O pronome que substitui o nome, surge para evitar a sua repetição, pelo menos quando está próximo dele. Os pronomes podem ser:

- Pessoais (eu, tu, ele, nós, vós, eles, …)
- Possessivos (meu, minha, meus, minhas, …)
- Demonstrativos (este, esta, esse, essa, …)
- Interrogativos (qual, quantas, quem, …)
- Indefinidos (algum, alguma, nenhum, nenhuma, …)
- Relativos (qual, que, quem, onde, …)

Os pronomes podem surgir antes do verbo, no meio do verbo ou depois do verbo

Antes do verbo

- quando a frase está na negativa

    EXEMPLO: eu não o vi chegar; eu ainda não o contactei

- Casos em que se adiciona um pronome antes de um verbo pronominalizado

    EXEMPLOS

    Ela disse que me ajudava

Todos me fazem falta

Quando te vais ausentar?

Quem será que me quer prejudicar?

Quando expressa uma possibilidade

Não sei se sabem como tudo aconteceu

No meio do verbo

- Quando o verbo termina em r o pronome vem entre a raiz do verbo e a sua terminação. Se estiver na 3ª pessoa, ao pronome (o, a, os, as) acrescenta-se um l (lo, la, los, las).

EXEMPLOS

Levar-te-ia se pudesse

Abraçar-te-ei quando cá chegares

fá-lo-ei por ti

No final do verbo

- Quando o verbo termina em m ou num ditongo nasal (ão(s), ãe(s), õe(s)), o pronome vem antecedido de n

EXEMPLOS

Eles comeram a sopa toda → eles comeram-na toda

Eles dão os alimentos a todos → Eles dão-nos a todos

Há também algumas palavras que levam à troca entre o pronome e o verbo.

EXEMPLOS

Para dizer a verdade não sei se acontecerá isso

Quanto mais se estuda mais se sabe

Também me apetece ir ao cinema

EXERCÍCIOS

18. Complete as frases com o pronome respetivo (incluindo, nalguns casos o próprio verbo que está associado).

   a. (ter) _____ *acautelado se soubesse o que agora sei.*
   b. *Eu* (dizer) _____ *que tivesse cuidado.*
   c. *Não sei bem porque o fiz, mas certamente* (fazer) _____ *porque gostei de o fazer.*
   d. *Irei* (ver) _____ *quando ele chegar.*

TEXTO 7: COSTUMES DA MINHA ALDEIA

A minha aldeia tem só casas, mas todas velhas e quase todas com portas de madeira **consumidas** pelo tempo. As ruas são **becos** estreitos e as casas que as **ladeiam** são feitas de pedra de **granito**. Há poucas pessoas e a maioria são idosos que regressaram à terra para "**gozarem**" a reforma merecida do trabalho fora do país. Há muito cães e gatos que passeiam livremente pelas ruas, quase desertas de dia e à noite nem se fala.

Os filhos ainda por lá se mantêm e **manterão**. Têm lá o emprego, a família, a casa e até os hábitos já são de lá. Uns vêm cá pelo verão e outros pelas **festas**, mas lá vão vindo, de vez em quando para visitar os pais. Há muitos animais na aldeia, mais do que pessoas. Mas o que fazem as garrafas de água junto às portas das casas velhas? Perguntava assim, quem não conhece.

Poder-se-á pensar que é uma loja que fornece água aos clientes. Mas ao observar mais atentamente pode ver-se que normalmente a água não é fresca e as garrafas são um pouco como as casas, velhas também. Quem iria vender garrafas de água não fresca, a **esturrar** ao sol, algumas já sem rótulos e velhas?

Uma garrafa de litro e meio aqui, um **garrafão** de cinco litros acolá, outro mais adiante e por aí fora também. Será por causa dos fogos de verão para apagar o lume, com uma garrafa apenas? É certo que muitas garrafas de litro e meio fazem muita água, mas não certamente o suficiente para apagar nenhum fogo.

Até em cima dos muros pequenos que rodeiam os quintais das casas grandes e velhas se vêm **bidões**, garrafas e garrafões de água. Chegam a ser quatro, cinco ou seis só num **quintal**. Mas tanta água para quê, se não é para vender ou para apagar nenhum fogo? Quem, coloca lá essa água? E quem **troca** a água quando as garrafas ou garrafões se esvaziam?

Quem troca a água quando as garrafas e os garrafões se esvaziam? De facto, nunca vi ninguém a trocar a água e muito menos a bebê-la. Também não me parece que sendo as casas habitadas por pessoas idosas elas pudessem com aqueles bidões pesados.

Eu sou alemã, por isso não percebo o que se passa, perguntou-me a Ilse que vivia próximo da minha casa, onde estacionou a sua autocaravana, e dali partia todos os dias para passear pelas **redondezas**, voltando à noite para ali dormir, já faziam oito dias seguidos. Bem, finalmente soube a resposta. Como haviam muitos cães por ali, em cada casa havia o seu animal doméstico, em convivência pacífica e amistosa com as pessoas, a água servia para os atrair para ali e não fazerem nas portas das casas e que fazem por todo o lado.

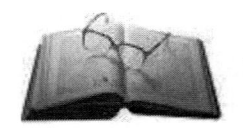

VOCABULÁRIO

♦ Do texto retiramos as seguintes palavras que, com a ajuda de um dicionário, pretende-se que diga o seu significado.

Consumidas:_____ festas:_____
Becos:_____ esturrar:_____
ladeiam:_____ garrafão:_____
Granito:_____ bidões:_____
"gozarem"_____ esvaziam_____
manterão_____ redondezas:_____

EXERCÍCIOS – ANÁLISE E INTERPRETAÇÃO DO TEXTO

19. Responda às seguintes perguntas relativas ao texto acima apresentado.

a) Qual é o tema principal do texto?
_____
_____

b) Caraterize as casas da aldeia?
_____
_____

c) Quem é a maioria das pessoas que vive na aldeia?
___

d) Em que altura é que os filhos da terra emigrados visitam a aldeia?
___

e) O que é que as pessoas colocam próximo das portas exteriores das casas?
___

f) Qual a razão para haver esse costume de colocar garrafas de água nas entradas das casas?
___

PRETÉRITO PERFEITO / PRETÉRITO IMPERFEITO

Vejamos a origem das palavras. A etimologia destas duas designações ajuda-nos a compreendê-las:

- pretérito – do latim 'praeteritu(m)', passado, que já não existe;
- perfeito – do latim 'perfectu(m)', terminado, acabado, concluído;
- imperfeito – do latim 'imperfectu(m)', não acabado, não concluído.

CONCLUSÃO: o pretérito imperfeito indica uma ação durativa; o pretérito perfeito indica uma ação não durativa.

PRETÉRITO PERFEITO SIMPLES.

Pretérito perfeito. Este tempo, acontece quando:

1. Num facto passado, que já se encontra totalmente concluído, e não tem qualquer relação com outro tempo:

> EXEMPLOS: Ontem **encontrei** a Maria no supermercado.
> O Joaquim **nasceu** em Luanda.

2. A um facto passado imediatamente antes de outro facto também passado. Ou então: A um facto passado imediatamente a seguir a outro facto também passado. Só se emprega com orações temporais (ou **expressões sinónimas**) introduzidas por **logo que…**, **mal**…

> EXEMPLO: Mal o vi (ou logo que o vi), **fui** logo ter com ele.

PRETÉRITO IMPERFEITO.

O pretérito imperfeito indica uma ação que já passou, mas que, ou não terminou ou continua. Também se costuma denominá-lo por presente do passado. Emprega-se:

1. Quando falamos do passado e nos referimos ao que, nesse momento, era contemporâneo desse passado:

> EXEMPLO: Quando ontem **ia** para as aulas, **encontrei** a Joana; (ia é contemporâneo de encontrei).

2. Quando nos referimos a um facto que, tendo começado no passado, continua a verificar-se no momento de outro facto:

> EXEMPLO: Ainda era noite, quando me levantei.

3. Quando nos referimos a um facto passado, que normalmente se refere a uma suposição:

> EXEMPLO: Na tua época, de estudante, deitavas-te habitualmente às 23 horas.

4. Quando exprimimos um desejo de que não temos a certeza de que se possa cumprir:

> EXEMPLO: **Este ano queria passar as férias nos Açores.**

5. Quando o empregamos com valor de condicional, nos casos em que não temos dúvidas de que o mesmo facto se realizará:

> EXEMPLO: **Era (seria) muito bom para ti, se casasses com o Francisco.**

Como vimos, a principal diferença entre estes dois tempos do modo indicativo é:

- O pretérito perfeito indica uma ação passada, inteiramente concluída.
- O pretérito imperfeito indica uma ação passada, não inteiramente concluída.

DISCURSO DIRETO VERSUS DISCURSO INDIRETO

O discurso direto é mais utilizado que o discurso indireto. Vejamos as diferenças e alguns exemplos em cada um dos casos.

DISCURSO DIRETO

Consiste na transcrição correta do que foi dito exatamente pelos personagens de um texto. Vejamos o seguinte exemplo, quando, ontem, dois amigos conversavam sobre os momentos de lazer. A conversa foi a seguinte:

António: Eu cá gosto de jogar ténis porque gosto do desporto e queimo muitas calorias.

João: Eu também gosto de ténis, mas não posso jogar devido a uma rutura que tenho nos ligamentos cruzados anteriores no meu joelho.

DISCURSO INDIRETO

Quando no relato de algum acontecimento o narrador apresenta os discursos dos personagens utilizando palavras suas. Vejamos os seguintes exemplos:

1º - Ontem estive com dois amigos que conversavam sobre os momentos de lazer. A conversa foi a seguinte: O António disse que não gostava de jogar ténis porque gostava desse desporto porque queimava muitas calorias. O João respondeu que também gostava de ténis, mas não podia jogar devido a uma rutura que tinha nos ligamentos cruzados anteriores no seu joelho.

2º - O juiz disse para o réu que a sua conduta era altamente reprovável, ao que o réu respondeu que só teve aquela atitude porque estava sob o efeito da bebida.

PASSAGEM DE DISCURSO DIRETO PARA DISCURSO INDIRETO

Na passagem do discurso direto para indireto deve atender-se que a 1ª pessoa do verbo deverá passar para a 3ª pessoa. Os pronomes também sofrem alterações. Veja os exemplos seguintes.

Eu, tu, te, meu, me, mim, comigo, nos, nós, vos, vós, connosco, convosco.	ele, ela, eles, elas, lhe, lhes, se, si, consigo, o, os, a, as, com ele, com eles.
Este(s), esta(s), esse(s), essa(s), isto, isso, meu(s), minha(s), teu(s), tua(s), nosso(s), nossa(s), vosso(s).	aquele(s), aquela(s), aquilo, seu(s), sua(s), dele(s), dela(s).

TEMPOS VERBAIS

Discurso direto	Exemplo		Discurso indireto	Exemplo
1ª e 2ª pessoa			3ª pessoa	
Presente indicativo	sou	→	pretérito imperfeito indicativo (Ex: ele era)	era
Pretérito perfeito indicativo (eu fui)	fui	→	pretérito mais-que-perfeito	Tinha ido
Futuro indicativo	serei	→	condicional	seria

Discurso direto	Exemplo		Discurso indireto	Exemplo
Presente do conjuntivo	eu seja	→	pretérito imperfeito do conjuntivo	ele fosse
Futuro conjuntivo	eu for	→	pretérito imperfeito conjuntivo	Ele fosse
Imperativo	sê	→	infinitivo ou pretérito imperfeito conjuntivo	Ser ou fosse

PALAVRAS TEMPORAIS E/OU ESPACIAIS

agora	→	naquele momento
Já	→	imediatamente
ontem	→	no dia anterior, na véspera
logo	→	depois
hoje	→	naquele dia
amanhã	→	no dia seguinte
Aqui, cá	→	Ali, lá
aí, ali	→	lá
este	→	aquele
esta	→	aquela
isto	→	aquilo

PRETÉRITO-MAIS-QUE-PERFEITO

Pretérito-mais-que-perfeito – Indica uma ação passada anterior a outra ação passada e pode apresentar-se sob a forma simples ou a forma composta. O Pretérito-mais-que-perfeito apresenta uma forma simples no indicativo e duas compostas, uma no indicativo e outra no conjuntivo. Na expressão oral é mais frequentemente usada a forma composta.

Forma simples (modo indicativo) – forma-se juntando as desinências –ra, -ras, -ramos, -reis, -ram (exemplo: dançara, dançaras, dançáramos, dançareis e dançaram).

EXEMPLO

Antes de chegar **olhara** pela primeira vez a sua aldeia que há muitos anos atrás fora deixada para trás. Todo o seu passado se **revelara** naquele momento. Eu e quem me acompanhava **dançáramos** de alegria.

Forma composta

Forma composta (modo indicativo) – Conjuga-se conjuntamente com os verbos auxiliares TER e HAVER no pretérito imperfeito do indicativo mais o particípio do verbo principal.

EXEMPLO

Antes de chegar já **tinha telefonado** para casa a avisar do meu regresso.

Forma composta (modo conjuntivo) – Conjuga-se conjuntamente com os verbos auxiliares TER e HAVER no pretérito imperfeito do conjuntivo mais o particípio do verbo principal.

EXEMPLO

Talvez ele **tivesse sido** um bom aluno com mais apoio ao estudo

EXERCÍCIOS

22. No texto seguinte identifique todos as utilizações de pretéritos:

a. *Ontem fui ver o jogo de futebol pela última vez eu era bastante criança e não tive uma sensação agradável porque fazia muito barulho.*
R:
_____

b. *De vez em quando eu via uma luz que vinha do céu e não sabia o que essa luz representava. Hoje sei que se tratou que de fenómeno atmosférico.*
R:
_____

23. Dê um exemplo seu de utilização de:

   a. *Pretérito Perfeito*
   b. *Pretérito Imperfeito*

22. Complete as frases usando o pretérito-mais-que-perfeito (pode ser simples ou composto).

   a. *Quando viram o apartamento pela primeira vez, eles já o tinham* (vender) _____

   b. *Se eu o* (ter) _____ *visto antes não o* (ter) _____ *comprado*

23. Transforme a frase do pretérito-mais-que-perfeito simples para composto

   a. *Eu já saíra quando ele chegou*
   b. *O meu avô já morrera quando eu nasci*

ANEXOS: CONJUGAÇÃO DE VERBOS

VERBO SER

INDICATIVO					
Presente		Pretérito Imperfeito		Pretérito Perfeito	
eu	sou	eu	era	eu	fui
tu	és	tu	eras	tu	foste
ele/ela	és	ele/ela	era	ele/ela	foi
nós	somos	nós	éramos	nós	fomos
vós	sois	vós	éreis	vós	fostes
eles/elas	são	eles/elas	eram	eles/elas	foram
Pretérito mais-que-perfeito		Futuro		Condicional	
eu	fora	eu	serei	eu	seria
tu	foras	tu	serás	tu	serias
ele/ela	fora	ele/ela	serás	ele/ela	seria
nós	fôramos	nós	seremos	nós	seríamos
vós	fôreis	vós	sereis	vós	seríeis
eles/elas	foram	eles/elas	serão	eles/elas	seriam

CONJUNTIVO		
Presente		
que	eu	seja
que	tu	sejas
que	ele/ela	seja
que	nós	sejamos
que	vós	sejais
que	eles/elas	sejam

CONJUNTIVO					
Pretérito Imperfeito			Futuro		
quando/que/se	eu	fosse	quando/que/se	eu	for
quando/que/se	tu	fosses	quando/que/se	tu	fores
quando/que/se	ele/ela	fosse	quando/que/se	ele/ela	for
quando/que/se	nós	fôssemos	quando/que/se	nós	formos
quando/que/se	vós	fôsseis	quando/que/se	vós	fordes
quando/que/se	eles/elas	fossem	quando/que/se	eles/elas	forem

IMPERATIVO			
Afirmativo		Negativo	
sê	tu	não sejas	tu
seja	ele/ela	não sejas	ele/ela
sejamos	nós	não sejas	nós
sede	vós	não sejas	vós
sejam	eles/elas	não sejas	eles/elas

INFINITIVO PESSOAL						
para	ser	(eu)	para	sermos	(nós)
para	seres	(tu)	para	serdes	(vós)
para	ser	(ele/ela)	para	serem	(eles/elas)

VERBO HAVER

INDICATIVO

Presente		Pretérito Imperfeito		Pretérito Perfeito	
eu	hei	eu	havia	eu	houve
tu	hás	tu	havias	tu	houveste
ele/ela	há	ele/ela	havia	ele/ela	houve
nós	havemos	nós	havíamos	nós	houvemos
vós	haveis	vós	havíeis	vós	houvestes
eles/elas	hão	eles/elas	haviam	eles/elas	houveram

Pretérito mais-que-perfeito		Futuro Futuro do Presente		Condicional Futuro do Pretérito	
eu	houvera	eu	haverei	eu	haveria
tu	houveras	tu	haverás	tu	haverias
ele/ela	houvera	ele/ela	haverá	ele/ela	haveriam
nós	houvéramos	nós	haveremos	nós	haveríamos
vós	houvéreis	vós	havereis	vós	haveríeis
eles/elas	houveram	eles/elas	haverão	eles/elas	haveriam

CONJUNTIVO

Presente

que	eu	haja
que	tu	hajas
que	ele/ela	haja
que	nós	hajamos
que	vós	hajais
que	eles/elas	hajam

CONJUNTIVO

Pretérito Imperfeito			Futuro		
quando/que/se	eu	houvesse	quando/que/se	eu	houver
quando/que/se	tu	houvesses	quando/que/se	tu	houveres
quando/que/se	ele/ela	houvesse	quando/que/se	ele/ela	houver
quando/que/se	nós	houvéssemos	quando/que/se	nós	houvermos
quando/que/se	vós	houvésseis	quando/que/se	vós	houverdes
quando/que/se	eles/elas	houvessem	quando/que/se	eles/elas	houverem

IMPERATIVO			
Afirmativo		Negativo	
há	tu	não hajas	tu
haja	ele/ela	não haja	ele/ela
hajamos	nós	não hajamos	nós
havei	vós	não hajais	vós
hajam	eles/elas	não hajam	eles/elas

INFINITIVO PESSOAL					
para	haver	(eu)	para	havermos	(nós)
para	haveres	(tu)	para	haverdes	(vós)
para	haver	(ele/ela)	para	haverem	(eles/elas)

VERBO ESTAR

INDICATIVO

Presente		Pretérito Imperfeito		Pretérito Perfeito	
eu	estou	eu	estava	eu	estive
tu	estás	tu	estavas	tu	estiveste
ele/ela	está	ele/ela	estava	ele/ela	esteve
nós	estamos	nós	estávamos	nós	estivemos
vós	estais	vós	estáveis	vós	estivestes
eles/elas	estão	eles/elas	estavam	eles/elas	estiveram
Pretérito mais-que-perfeito		Futuro Futuro do Presente		Condicional Futuro do Pretérito	
eu	estivera	eu	estarei	eu	estaria
tu	estiveras	tu	estarás	tu	estarias
ele/ela	estivera	ele/ela	estará	ele/ela	estaria
nós	estivéramos	nós	estaremos	nós	estaríamos
vós	estivéreis	vós	estareis	vós	estaríeis
eles/elas	estiveram	eles/elas	estarão	eles/elas	estariam

CONJUNTIVO		
Presente		
que	eu	esteja
que	tu	estejas
que	ele/ela	esteja
que	nós	estejamos
que	vós	estejais
que	eles/elas	estejam

CONJUNTIVO					
Pretérito Imperfeito			Futuro		
quando/que/se	eu	estivesse	quando/que/se	eu	estiver
quando/que/se	tu	estivesses	quando/que/se	tu	estiveres
quando/que/se	ele/ela	estivesse	quando/que/se	ele/ela	estiver
quando/que/se	nós	estivéssemos	quando/que/se	nós	estivermos
quando/que/se	vós	estivésseis	quando/que/se	vós	estiverdes
quando/que/se	eles/elas	estivessem	quando/que/se	eles/elas	estiverem

IMPERATIVO			
Afirmativo		Negativo	
está	tu	não estejas	tu
esteja	ele/ela	não esteja	ele/ela
estejamos	nós	não estejamos	nós
estai	vós	não estejais	vós
estejam	eles/elas	não estejam	eles/elas

INFINITIVO PESSOAL					
para	estar	(eu)	para	estarmos	(nós)
para	estares	(tu)	para	estardes	(vós)
para	estar	(ele/ela)	para	estarem	(eles/elas)

VERBO TER

INDICATIVO					
\multicolumn{2}{c|}{Presente}	\multicolumn{2}{c|}{Pretérito Imperfeito}	\multicolumn{2}{c}{Pretérito Perfeito}
eu	tenho	eu	tinha	eu	tive
tu	tens	tu	tinhas	tu	tiveste
ele/ela	tem	ele/ela	tinha	ele/ela	teve
nós	temos	nós	tínhamos	nós	tivemos
vós	tendes	vós	tínheis	vós	tivestes
eles/elas	têm	eles/elas	tinham	eles/elas	tiveram
\multicolumn{2}{c|}{Pretérito mais-que-perfeito}	\multicolumn{2}{c|}{Futuro Futuro do Presente}	\multicolumn{2}{c}{Condicional Futuro do Pretérito}
eu	tivera	eu	terei	eu	teria
tu	tiveras	tu	terás	tu	estarias
ele/ela	tivera	ele/ela	terá	ele/ela	teria
nós	tivéramos	nós	teremos	nós	teríamos
vós	tivéreis	vós	tereis	vós	teríeis
eles/elas	tiveram	eles/elas	terão	eles/elas	teriam

CONJUNTIVO		
Presente		
que	eu	tenha
que	tu	tenhas
que	ele/ela	tenha
que	nós	tenhamos
que	vós	tenhais
que	eles/elas	tenham

CONJUNTIVO						
Pretérito Imperfeito			Futuro		
quando/que/se	eu	tivesse	quando/que/se	eu	tiver
quando/que/se	tu	tivesses	quando/que/se	tu	tiveres
quando/que/se	ele/ela	tivesse	quando/que/se	ele/ela	tiver
quando/que/se	nós	tivéssemos	quando/que/se	nós	tivermos
quando/que/se	vós	tivésseis	quando/que/se	vós	tiverdes
quando/que/se	eles/elas	tivessem	quando/que/se	eles/elas	tiverem

IMPERATIVO			
Afirmativo		Negativo	
tem	tu	não tenhas	tu
tenha	ele/ela	não tenha	ele/ela
tenhamos	nós	não tenhamos	nós
tende	vós	não tenhais	vós
tenham	eles/elas	não tenham	eles/elas

INFINITIVO PESSOAL					
para	ter	(eu)	para	termos	(nós)
para	teres	(tu)	para	terdes	(vós)
para	ter	(ele/ela)	para	terem	(eles/elas)

VERBO APRENDER

INDICATIVO

Presente		Pretérito Imperfeito		Pretérito Perfeito	
eu	aprendo	eu	aprendia	eu	aprendi
tu	aprendes	tu	aprendias	tu	aprendeste
ele/ela	aprende	ele/ela	aprendia	ele/ela	aprendeu
nós	aprendemos	nós	aprendíamos	nós	aprendemos
vós	aprendeis	vós	aprendíeis	vós	aprendestes
eles/elas	aprendem	eles/elas	aprendiam	eles/elas	aprenderam

Pretérito mais-que-perfeito		Futuro do Presente		Condicional / Futuro do Pretérito	
eu	aprendera	eu	aprenderei	eu	aprenderia
tu	aprenderas	tu	aprenderás	tu	aprenderias
ele/ela	aprendera	ele/ela	aprenderá	ele/ela	aprenderia
nós	aprendêramos	nós	aprenderemos	nós	aprenderíamos
vós	aprendêreis	vós	aprendereis	vós	aprenderíeis
eles/elas	aprenderam	eles/elas	aprenderão	eles/elas	aprenderiam

CONJUNTIVO		
Presente		
que	eu	aprenda
que	tu	aprendas
que	ele/ela	aprenda
que	nós	aprendamos
que	vós	aprendais
que	eles/elas	aprendam

CONJUNTIVO					
Pretérito Imperfeito			Futuro		
quando/que/se	eu	aprendesse	quando/que/se	eu	aprender
quando/que/se	tu	aprendesses	quando/que/se	tu	aprenderes
quando/que/se	ele/ela	aprendesse	quando/que/se	ele/ela	aprender
quando/que/se	nós	aprendêssemos	quando/que/se	nós	aprendermos
quando/que/se	vós	aprendêsseis	quando/que/se	vós	aprenderdes
quando/que/se	eles/elas	aprendessem	quando/que/se	eles/elas	aprenderem

IMPERATIVO			
Afirmativo		Negativo	
aprende	tu	não aprendas	tu
aprenda	ele/ela	não aprenda	ele/ela
aprendamos	nós	não aprendamos	nós
aprendei	vós	não aprendais	vós
aprendam	eles/elas	não aprendam	eles/elas

INFINITIVO PESSOAL				
para	aprender	(eu)	para aprendermos	(nós)
para	aprenderes	(tu)	para aprenderdes	(vós)
para	aprender	(ele/ela)	para aprenderem	(eles/elas)

VERBO FAZER

INDICATIVO

Presente		Pretérito Imperfeito		Pretérito Perfeito	
eu	faço	eu	fazia	eu	fiz
tu	fazes	tu	fazias	tu	fizeste
ele/ela	faz	ele/ela	fazia	ele/ela	fez
nós	fazemos	nós	fazíamos	nós	fizemos
vós	fazeis	vós	fazíeis	vós	fizestes
eles/elas	fazem	eles/elas	faziam	eles/elas	fizeram

Pretérito mais-que-perfeito		Futuro — Futuro do Presente		Condicional — Futuro do Pretérito	
eu	fizera	eu	farei	eu	faria
tu	fizeras	tu	farás	tu	farias
ele/ela	fizera	ele/ela	fará	ele/ela	faria
nós	fizéramos	nós	faremos	nós	faríamos
vós	fizéreis	vós	fareis	vós	faríeis
eles/elas	fizeram	eles/elas	farão	eles/elas	fariam

CONJUNTIVO			
Presente		
que	eu	faça
que	tu	faças
que	ele/ela	faça
que	nós	façamos
que	vós	façais
que	eles/elas	façam

CONJUNTIVO					
Pretérito Imperfeito			Futuro		
quando/que/se	eu	fizesse	quando/que/se	eu	fizer
quando/que/se	tu	fizesses	quando/que/se	tu	fizeres
quando/que/se	ele/ela	fizesse	quando/que/se	ele/ela	fizer
quando/que/se	nós	fizéssemos	quando/que/se	nós	fizermos
quando/que/se	vós	fizésseis	quando/que/se	vós	fizerdes
quando/que/se	eles/elas	fizessem	quando/que/se	eles/elas	fizerem

IMPERATIVO

Afirmativo		Negativo		
faz	tu	não	faças	tu
faça	ele/ela	não	faça	ele/ela
façamos	nós	não	façamos	nós
fazei	vós	não	façais	vós
façam	eles/elas	não	façam	eles/elas

INFINITIVO PESSOAL

para	fazer	(eu)	para	fazermos	(nós)
para	fazeres	(tu)	para	fazerdes	(vós)
para	fazer	(ele/ela)	para	fazerem	(eles/elas)

SOLUÇÕES DOS EXERCÍCIOS

1.
   a. O momento da passagem à reforma levou o autor a pensar acerca dos planos de vida que constitui o tema desta história
   b. Alto, forte e bem-parecido
   c. Mulher=Sónia; Filha=Beatriz; Sogra=Amélia
   d. Vivia lá também o Carlão, a sua mulher e a sua filha
   e. Tambor
   f. O Carlão sentia muito frio neste país da Europa. Foi substituído pelo Renato.

2.
   "<u>Era</u> meio dia quando <u>regressava</u> a casa para <u>almoçar</u>. <u>Tropeço</u> no pensamento que ultimamente me <u>tem</u> assaltado, o que <u>irei fazer</u> depois de me <u>reformar</u>. Sim, porque se <u>aproximava</u> o dia em que eu me <u>ia reformar</u>. O que <u>fazer</u> após? Não <u>sabia</u>, e isso <u>inquietava-me</u>. Há! Já <u>sei</u>, <u>vou</u> <u>ler</u> os livros que sempre <u>desejei</u> <u>ler</u>, <u>vou ver</u> os filmes que <u>desejei</u> <u>ver</u>, <u>vou</u> <u>passear</u> mais, <u>sei</u> lá, <u>vou fazer</u> o que me <u>apetecer</u>."

3. 1I, 2J, 3B, 4E, 5F, 6G, 7A, 8H, 9D, 10C

4.
   a) A vida
   b) Demasiadamente tranquila
   c) A um pássaro de barro pendurado na parede
   d) Foi ver passar os comboios
   e) O que está a acontecer?
   f) Devido à diminuição drástica de movimento de pessoas e todo o tipo de transportes
   g) Abril, primavera.
   h) Uma figueira já com figos maduros e um comboio a passar

5.
   a. O juiz disse ao réu que poderia (falar) <u>falar</u> se (ter) <u>tivesse</u> algo a dizer.

   b. Mesmo que não (ter) <u>tenha</u> possibilidades de estudar agora não desistirei. Se eu (ir) <u>for</u> trabalhar de dia, irei estudar à noite. Em quatro anos, é possível que eu (conseguir) <u>consiga</u> terminar o curso.

   c. Seja o que Deus (querer) <u>quiser</u>. Aconteça o que (acontecer) <u>acontecer</u>, eu estarei lá.

d. *Se (haver) <u>houver</u> justiça o réu será condenado.*

6.
   a. *Não é claro que ele <u>seja</u> o culpado.* <u>Terceira pessoa do singular do presente do conjuntivo</u>
   b. *De certeza que ele <u>sabe</u> isso.* <u>Terceira pessoa do singular do presente do indicativo</u>
   c. *Vou lecionar uma aula, espero que os alunos <u>estejam</u> com atenção* Presente do conjuntivo da <u>terceira pessoa do plural</u>
   d. *Se ele <u>trabalhasse</u>, teria mais dinheiro* <u>Terceira pessoa do pretérito imperfeito do conjuntivo</u>

7.
   a) *A emigração*
   b) *Representa uma experiência enriquecedora*
   c) *Conhecer uma nova cultura, novas experiências e uma nova língua*
   d) *A saudade e estra fora da sua zona de conforto*
   e) *Aquilo que no nosso país é habitual pode não ser noutro país*

8.
   a. *Desejo que (ter) <u>tenha</u> sucesso*
   b. *Acredito que o réu (sair) <u>saia</u> ilibado do julgamento.*
   c. *Espera que um dia (atingir) <u>atinja</u> esse objetivo.*
   d. *Imagino que não (saber) <u>saiba</u> quem eu sou.*
   e. *Nego determinantemente que alguma vez (ter) <u>tenha</u> feito isso.*
   f. *Suponho que amanhã (estar) <u>esteja</u> um dia de sol.*
   g. *Duvido que esse novo movimento (trazer) <u>traga</u> qualquer vantagem.*
   h. *Receio que não (chegar) <u>chegue</u> à hora combinada.*
   i. *Pode acontecer que não (conseguir) <u>consiga</u> executar essa tarefa.*
   j. *Sugiro que não (ir) <u>vá</u> por esse caminho.*

9.
   a. *Se (querer) <u>quiseres</u> poderás almoçar comigo.*
   b. *Teremos de nos adaptar como (poder) <u>podermos</u>.*
   c. *A quem (estar) <u>estiver</u> presente será dado um presente.*
   d. *Se nós (mudar) <u>mudarmos</u> de casa, eu terei de (mudar) <u>mudar</u> de emprego.*
   e. *Avisa-me logo que (chegar) <u>chegares</u>.*
   f. *Se cá (estar) <u>estiveres</u> iremos a esse espetáculo.*
   g. *Assim que (chegar) <u>chegares</u> irei ter contigo.*

10.
   a. *Se (saber) <u>soubesse</u> o que sei hoje não teria feito o que fiz.*
   b. *Pedi-lhe que (esperar) <u>esperasse</u> um pouco mais.*
   c. *Se não (visitar) <u>visitasse</u> esse museu não saberia o que ia perder.*
   d. *Se amanhã (fazer) <u>fizesse</u> sol iria à praia.*

e. Se (conhecer) *conhecesse* o caminho saberia por onde ir.
f. Ele esperou que ela (regressar) *regressasse* para lhe dar a notícia.
g. Comuniquei-lhe que me (telefonar) *telefonasse* logo que (chegar) *chegasse*.
h. Se me (sair) *saisse* o totoloto continuava a trabalhar
i. Se não (ter) *tivesse* tantos filhos não seria tão feliz.
j. Se (poder) *podesse* trocava de carro.
k. Se não (estudar) *estudasse* não teria o emprego que tenho.

11.
a) A mudança na vida das pessoas devido à tecnologia
b) Uma família à mesa, a tomar uma refeição, mas cada um deles a consultar o seu telemóvel
c) Aproxima as pessoas e facilita a comunicação e o tudo o que isso implica
d) Permitir comunicar emoções e despertar sensações

12.
a. Conhecer os direitos e os deveres é a obrigação de todos (correto)
b. Ainda tereis muito caminho a percorrer (correto)
c. O jantar está servido, por isso vamos comermos (mal → comer)
d. É importante atender às situações difíceis (correto)

13.
a. (Fumar) *Fumar* é sempre prejudicial
b. A polícia serve para (manter) *manter* a ordem
c. O desporto é para todos (praticar) *praticarem*
d. Podem (entrar) *entrar*, por favor
e. Para nos (conhecer) *conhecermos* teremos de nos (encontrar) *encontrar*.

14.
a) O ritmo que existe em tudo, na vida
b) Lenhador, ferreiro, mineiro, dançarina e cantor
c) Junto à margem de um rio
d) Águas com muita movimentação

15.
a. Infinitivo pessoal: É importante as crianças comerem comida saudável
b. Infinitivo impessoal: Fazer exercício físico também é saudável

16.
"Os passos caminhados, os carros a <u>circularem</u> nas estradas, o lenhador a <u>cortar</u> a árvore, o ferreiro que molda o ferro, as palavras ditas, os tambores que tocam, tudo tem o seu ritmo. A dançarina a <u>dançar</u> ao som dos tambores e até o <u>olhar</u> de quem os escuta tem ritmo"

17.
a) Trabalhar no estrangeiro
b) Consultando anúncios adaptados ao seu perfil
c) Anthony
d) Num banco na Alemanha a lidar com clientes falantes de português e espanhol
e) Quatro anos

18.
a. (*ter*) <u>Eu tinha-me</u> acautelado se soubesse o que agora sei.

b. Eu (*dizer*) <u>disse-te</u> que tivesse cuidado.

c. Não sei bem porque o fiz, mas certamente (*fazer*) <u>fi-lo</u> porque gostei de o fazer.

d. Irei (*ver*) <u>vê-lo</u> quando ele chegar.

19.
a) Costumes ou hábitos que se adquirem
b) Casas velha comportas de madeira
c) Ex-emigrantes
d) Pelo verão ou pelas festas da aldeia
e) Para que os cães usem esse utensílio para urinar, não o fazendo nas portas das casas.

20.
a. Ontem <u>fui</u> ver o jogo de futebol pela última vez eu <u>era</u> bastante criança e não <u>tive</u> uma sensação agradável porque <u>fazia</u> muito barulho.

b. De vez em quando eu <u>via</u> uma luz que <u>vinha</u> do céu e não <u>sabia</u> o que essa luz <u>representava</u>. Hoje sei que se <u>tratou</u> que de fenómeno atmosférico.

21.
a. Ontem <u>fui</u> jantar fora.

b. <u>Estava</u> eu a jantar quando o telefone tocou.

22.

    a. *Quando viram o apartamento pela primeira vez, eles já o tinham* (Vender) <u>*vendido*</u>

    b. *Se eu o* (ter) <u>*tivesse*</u> *visto antes não o* (ter) <u>*teria*</u> *comprado*

23.
    a. *Eu já* <u>*tinha saído*</u> *quando ele chegou*

    b. *O meu avô já* <u>*tinha morrido*</u> *quando eu nasci*

Printed in Great Britain
by Amazon